MUNDO RIPILICA:
APRENDENDO
O ALFABETO

O Mundo Ripilica® é uma marca registrada da Marisol S.A. Os textos editoriais foram desenvolvidos a partir dos personagens da marca.

Coordenação de roteiros e produção criativa: Vanessa Fort
Direção de arte: Eduardo Nakamura
Criadores dos personagens, histórias, mundo e animação Mundo Ripilica: Beth Carmona, Bruno Baski, Eduardo Nakamura e Vanessa Fort.

Editor: Luiz Vasconcelos
Gerente editorial: Letícia Teófilo
Elaboração de conteúdo: Érica Borges Correa, Fernanda Felix e Gabrielly Saraiva
Revisão: Equipe Novo Século
Capa e diagramação: Nine Editorial

Texto de acordo com as normas do Novo Acordo Ortográfico da Língua Portuguesa (1990), em vigor desde 1º de janeiro de 2009.

Dados Internacionais de Catalogação na Publicação (CIP)
Angélica Ilacqua CRB-8/7057

Mundo Ripilica : aprendendo o alfabeto / equipe Novo Século.
-- Barueri, SP : Novo Século Editora, 2023.
32 p. : il., color.

ISBN 978-65-5561-685-9

1. Passatempos - Literatura infantil 2. Brincadeiras I. Equipe Novo Século

23-0937 CDD 793.7

Índice para catálogo sistemático:
1. Passatempos 793.7

Uma marca do Grupo Novo Século

Alameda Araguaia, 2190 - Bloco A - 11o andar - Conjunto 1111
cep 06455-000 - Alphaville Industrial, Barueri - sp - Brasil
Tel.: (11) 3699-7107 | Fax: (11) 3699-7323
www.gruponovoseculo.com.br | atendimento@gruponovoseculo.com.br

MUNDO RIPILICA: APRENDENDO O ALFABETO

NS kids

VAMOS CONHECER AS LETRAS DO ALFABETO COM A LILICA E SUA TURMA?

Aa aa

ÁRVORE

Bb bb

BALÃO

Cc Cc

CASA

Dd dd

DONNA

Ee ee

ESTRELA

F 𝒻

f f

FLOR

Gg gg

GUIDO

Hh hh

HIPOPÓTAMO

I i

I i

INSETOS

Jj jj

JOANNA

K*k* kk

KIWI

L ℓ

I l

LILICA

Mm

mm

MALINHA

N *n*　　n n

NUVEM

O o

O O

ÓCULOS

P p

p p

PÁSSARO

Q q

q q

QUEIJO

R r   r r

RABANETE

S s

S s

SONS

Tt tt

TARTARUGA

U u   U u

UKULELE

V *v* **V** V

VITO

W ш

W W

WAFER

X 𝓍

X x

XÍCARA

Y *y*

Y y

YAKISOBA

Z *z* **Z** Z

ZEP

Compartilhando propósitos e conectando pessoas
Visite nosso site e fique por dentro dos nossos lançamentos:
www.gruponovoseculo.com.br

Edição: 1ª